VIE

DE

SAINT ULRIC.

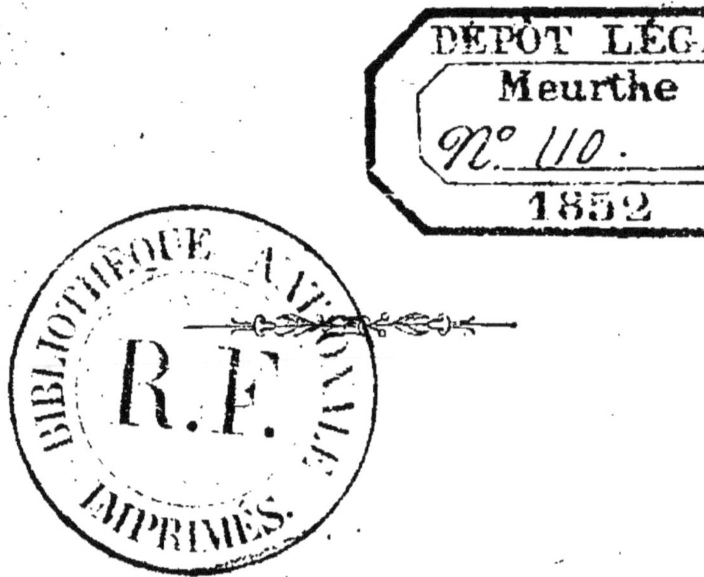

NANCY.

VAGNER, IMPRIMEUR-LIBRAIRE-ÉDITEUR,

Rue du Manége, 5.

—

1852.

NANCY, IMPRIMERIE DE VAGNER, RUE DU MANÉGE, 3.

VIE

DE

SAINT ULRIC.

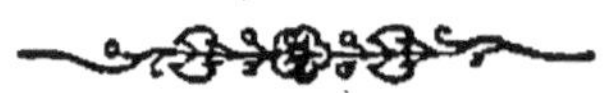

Ulric était fils du comte Hubald, et frère de Luitgarde, femme de Burchard II, duc de Souabe et d'Alsace. Il naquit en 893, et fut d'abord d'une si grande faiblesse de tempérament, qu'il fallut le sevrer au bout de trois mois. Mais une fois accoutumé à une nourriture plus solide, il se développa rapidement, et acquit un embonpoint qui étonna tous ceux qui l'avaient connu auparavant. Parvenu à l'âge de s'instruire des devoirs du chrétien et des préceptes de la littérature humaine, il fut confié aux religieux de Saint-Gal, dont il s'acquit bientôt l'estime par la douceur de son caractère, la vivacité de son esprit et l'innocence de ses mœurs. Ce fut dans ce monastère qu'il connut sainte

Guiborat ou Wiborade, qui vivait en recluse dans une petite cellule près de l'abbaye. Elle prit le saint jeune homme en affection toute particulière, et les rapports d'une sainte amitié qui s'établirent entre eux ne purent être interrompus que par la mort. Les moines de Saint-Gal, saisis d'admiration pour la piété d'Ulric et pour sa rare aptitude aux sciences, l'ayant vivement pressé de se consacrer à Dieu dans leur Ordre, celui-ci consulta sainte Guiborat sur le parti qu'il avait à prendre. Animée de l'esprit de Dieu, la bienheureuse épouse de Jésus-Christ comprit quels services Ulric pouvait rendre à l'Eglise par sa fortune, sa naissance et sa piété. Elle lui conseilla de refuser les offres des moines de Saint-Gal, et lui prédit son épiscopat, ainsi que les grandes souffrances qu'il aurait à endurer pour Jésus-Christ.

Alors il songea à retourner dans la maison paternelle ; car son éducation à cette époque se trouvait à peu près terminée. A peine arrivé, il manifesta à son père l'intention où il se trouvait de se consacrer au service de Dieu dans le clergé séculier. Son père était un homme religieux : il ne s'opposa point à ses desseins, et peut-être qu'il espéra que, là comme dans une autre profession, sa naissance le ferait avancer rapidement dans la voie des honneurs. Au lieu donc de l'envoyer servir en qualité de page dans la maison de quelque noble seigneur, renommé par ses exploits, il le mit sous la conduite d'Adalbéron, personnage de haute naissance et prince-évêque de la ville d'Augsbourg. Plus que tout autre, Adalbéron était disposé à reconnaître le mérite du jeune Ulric. Il le fit donc à peine âgé de seize ans camérier de son église, c'est-à-dire qu'il lui confia la garde et la distribution des ornements et des habits des clercs. Quelque temps après, il l'éleva aux ordres sacrés, et lui donna un canonicat dans sa cathédrale. Le jeune ecclésiastique avait été trop bien instruit des devoirs et des dangers de sa nouvelle position, et se sentait d'ailleurs un trop vif désir d'opérer son salut pour ne pas veiller sur lui-même, et chercher par tous les moyens à se rendre digne du caractère qu'il venait de recevoir. Sans s'adonner encore à ces exercices de la pénitence et de la contemplation qui lui acquirent dans la suite une réputation si bien méritée, il commença à employer à la prière et à l'étude les moments de liberté que lui laissaient la récitation de l'office et l'exercice de la charité envers le prochain. Il consacra aux pauvres une partie de ses revenus, et pour se mieux pénétrer du véritable esprit du sacerdoce, qui est un esprit de zèle, d'humilité et de sacrifices sans bornes, il résolut d'aller à Rome visiter les tombeaux des apôtres saint Pierre et saint Paul. C'était en 909, sous le pontificat de Sergius III. Ce pontife le reçut avec toutes sortes de distinctions, soit à cause de sa noblesse, soit surtout à cause de ses hautes vertus.

Le siége d'Augsbourg étant venu à vaquer à la même époque, par la mort d'Adalbéron, le pape le lui offrit, peut-être pour avoir occasion d'exercer le droit d'élection dont l'empereur jouissait encore sans contestation, espérant que les alliances d'Ulric lui donneraient le moyen de soutenir la validité de son élection. Mais, soit que ce moyen ne parût pas assez pur au jeune homme, soit par un sentiment d'humilité profonde, il s'excusa auprès du Saint-Père sur sa jeunesse et son inexpérience. Sergius insista, mais ce fut inutilement. Ulric quitta Rome, et trouva à son retour en Allemagne, Hiltin, l'élu de l'empereur, déjà intronisé sur le siége d'Augsbourg.

L'époque de l'arrivée du saint dans cette ville, après son pèlerinage, fut celle où sa ferveur sembla prendre un plus grand accroissement, et où il s'adonna avec plus d'ardeur au jeûne, à l'étude, à la pratique de la présence de Dieu et de la mortification des sens, comme s'il se préparait à porter ce lourd fardeau de l'épiscopat, dont Dieu bientôt allait charger ses faibles épaules. Il fuyait surtout, autant que possible, jusqu'à l'ombre du danger, quand il s'agissait des tentations contraires à la sainte vertu, et il avait coutume de dire à ce sujet qu'on évitait la flamme, en évitant tout ce qui pouvait l'allumer.

Hiltin étant venu à mourir en 924, Ulric, alors âgé de trente ans, fut nommé son successeur par Henry l'Oiseleur, roi de Germanie, et sacré le jour des Innocents.

Le saint évêque, en prenant possession de sa nouvelle Eglise, en trouva les peuples dans l'état le plus déplorable. Les Hongrois et les Esclavons, barbares d'origine asiatique, avaient pris et pillé la ville d'Augsbourg quelque temps auparavant, et en avaient ruiné la cathédrale. Peu de jours après sa promotion, ils revinrent pour saccager le pays d'alentour, et enlever le peu de richesses qu'ils y avaient laissées.

C'est dans cette seconde invasion qu'ils renversèrent le monastère de Saint-Gal, et tuèrent sainte Guiborat, que l'Eglise honore parmi les martyrs de la foi.

Le premier soin d'Ulric fut de construire une église, pour y rassembler le peuple, et y célébrer l'office divin. Malgré la pauvreté de ses diocésains, dont tant de ravages successifs avaient épuisé les ressources, il la fit décente, sinon magnifique, en attendant que des temps plus heureux le missent en état d'en bâtir une digne de la splendeur de son siége et de la majesté du Dieu qu'on devait y adorer. Il procura aussi abondamment à son troupeau tous les secours temporels et spirituels dont il avait besoin, tellement qu'au milieu de leur malheur les fidèles d'Augsbourg furent grandement consolés par la charité et le zèle du nouveau maître que le Ciel leur avait donné.

Ulric, parvenu à un des évêchés les plus importants de l'Allemagne, prince du Saint-Siége, voyant que désormais son sort était fixé jusqu'à ce qu'il plût à Dieu de l'appeler à lui, chercha à mettre dans sa maison le même ordre qu'il mettait dans sa conscience, et distribua si bien son temps que la prière ne souffrit point de l'étude, et que ces deux occupations ne nuisirent en rien aux autres devoirs du saint ministère. Il se levait tous les jours à trois heures du matin pour assister à l'office avec ses chanoines ; il récitait ensuite d'autres prières de dévotion. Au point du jour, il disait au chœur l'Office des Morts et Prime ; il assistait à la Grand'-Messe. Tierce finie, il offrait le sacrifice, qu'il répétait ordinairement trois fois, suivant l'usage du temps, aboli par Alexandre II au siècle suivant. Il allait ensuite à l'hôpital pour y consoler les malades. Tous les jours il lavait les pieds à douze pauvres qu'il admettait ensuite à sa table, et auxquels il distribuait d'abondantes aumônes. Le reste de la journée était employé à l'instruction, au soin des malades et des moribonds, et à l'accomplissement des autres fonctions de l'épiscopat. Il ne faisait qu'un seul repas, encore n'était-ce que le soir, avant Complies. Il retrancha le grand train d'équipages de ses prédécesseurs, et allait ordinairement à pied, accompagné d'un très-petit nombre de domestiques. Chaque année il faisait deux fois la visite de son diocèse, et à la suite de chaque visite il rassemblait son clergé en synode. Alors il rétablit dans son diocèse la discipline et les bonnes mœurs, que les invasions continuelles des barbares avaient presque détruites.

Le saint avait un attrait tout particulier pour tout ce qui tient au service et au culte du Seigneur. Il fit bâtir un grand nombre d'églises ; c'était son plus grand bonheur d'en aller faire la consécration ; quelque part qu'on l'appelât, il s'y rendait avec le plus grand zèle et ne craignait pas d'entreprendre dans ce dessein de longs et pénibles voyages. Un jour des habitants de la province de la Haute-Allgaëu vinrent se jeter à ses pieds et lui racontèrent, dans l'attitude et les sentiments d'un cœur brisé, que depuis longtemps ils avaient fait bâtir une église à leurs propres frais ; mais que jetés au loin dans un pays sauvage, relégués dans un désert affreux et pour ainsi dire inaccessible, elle ne leur avait encore été d'aucun usage, parce qu'ils n'avaient pas encore trouvé d'évêques pour en faire la consécration. Le digne et vénérable pasteur, en entendant ces bonnes gens, verse lui-même des larmes de compassion et de joie. Il part aussitôt avec eux et consacre leur église. Ceux-ci, poussés par le sentiment de la reconnaissance, lui apportent toutes sortes de présents. Le saint les remercie, et, sans vouloir en accepter aucun, il leur adresse des paroles touchantes, les exhorte à vivre toujours dans la paix et l'union, et les quitte ensuite aussi édifiés de son désintéressement qu'ils l'avaient d'abord été de son courage. En sa qualité de prince de l'Empire, il était obligé de conduire à l'empereur les troupes de son évêché, lorsqu'il en était requis. Telles étaient les conséquences premières de cette alliance du sacerdoce et du pouvoir temporel qu'avait consacrée la féodalité. Néanmoins, quoique le commandement des hommes d'armes soit bien l'occupation la moins convenable pour un ministre de paix et de réconciliation, il faut dire que c'était encore un grand bonheur pour les peuples lorsqu'ils se trouvaient soumis à l'autorité immédiate de leur évêque, et soustraits ainsi à la barbarie de la justice exceptionnelle, que la plupart des seigneurs féodaux exerçaient dans leurs fiefs. Ulric sentait plus que tout autre combien des expéditions fréquentes et lointaines, dans lesquelles il fallait suivre le prince, allaient nuire à ses devoirs. Tant que vécut Henri l'Oiseleur, duquel il tenait son fief, il n'osa demander l'exemption de cette première charge du vassal à l'égard de son seigneur. Mais après sa mort, il s'adressa au roi Othon Ier, et en obtînt que son neveu Albéron, fils de sa sœur Luitgarde, le remplacerait dans le commandement des hommes d'armes qu'il était forcé de conduire.

Ainsi il se débarrassa d'une partie des soins temporels de son gouvernement, pour s'adonner entièrement à la sanctification de son troupeau. Nous allons le voir, cependant, marcher lui-même au secours de son souverain légitime, quand il sera menacé, soit par la révolte, soit par les irruptions des barbares, à l'extermination desquels il contribua puissamment. Nous ne nous étendrons pas sur la guerre que Luitoff, fils de l'empereur Othon, entreprit contre son père, à propos d'une question de territoire de suzeraineté. Le saint se prononça fortement en faveur du roi légitime. Sa ville épiscopale fut prise et pillée par Arnould, comte palatin, et Ulric lui-même fut assiégé dans le château de Néchingen. Mais Dieu ne tarda pas à appesantir son bras sur les révoltés. Arnould alla mourir sous les murs de Ratisbonne. L'armée de Luitoff fut dispersée, et ce prince lui-même presque forcé de se rendre à merci. Ulric, le voyant ainsi humilié, intercéda pour lui, et obtint sa grâce, de concert avec son ami Harbert, évêque de Coïre. Instruit par les malheurs dont sa ville épiscopale avait été deux fois la victime, Ulric, à la fin de cette guerre, la fit entourer de solides murailles, derrière lesquelles on pouvait se retrancher, et attendre du secours.

On vit par l'événement que cette précaution avait été fort sage. Vers l'an 955, une multitude de Hongrois se répandit de nouveau en Allemagne, et la ravagea depuis le Danube jusqu'à la Forêt-Noire. Rien ne pouvait arrêter la fureur de ces barbares : ils renversaient les monastères, massacraient les moines et les religieuses, détruisaient les villes, et avaient inspiré une telle frayeur aux nations que chacun cherchait son salut dans la fuite, et que personne n'osait s'opposer à eux. Enfin, après avoir brûlé le monastère de Sainte-Afre, près d'Augsbourg, ils s'établirent autour de la ville, et se préparèrent à lui donner assaut. Ulric était au milieu de son peuple, et montra que son courage n'était pas au-dessous de sa naissance. Il fit porter des armes sur les remparts, distribua sagement ses troupes dans les divers postes, et se montra lui-même à cheval au milieu d'elles, revêtu de ses habits pontificaux, exposé, sans casque ni cuirasse, aux traits de l'ennemi. L'assaut fut terrible, et la mêlée sanglante : la nuit sépara les deux partis. Les barbares avaient été repoussés ; mais il était évident pour tout le monde qu'ils seraient maîtres de la ville le lendemain. Le saint évêque, cependant, faisait tout pour relever le courage des assiégés ; il parcourait les rues en les exhortant à une généreuse défense, leur annonçait des secours, et leur prédisait qu'ils ne tomberaient pas entre les mains des Hongrois.

Vers le soir, des sentinelles furent placées sur les murailles, les églises de la ville furent ouvertes ; les autels étaient magnifiquement parés, le Saint-Sacrement exposé à la vénération des fidèles. Toutes les femmes de la ville avaient été, par l'ordre du saint, distribuées en deux troupes, dont l'une faisait le tour des remparts en chantant des cantiques, et l'autre prosternée dans les temples implorait la miséricorde divine. Les petits enfants, encore à la mamelle, furent couchés sur le pavé du sanctuaire, afin que leurs innocentes voix fléchissent la colère du Très-Haut. Ainsi se passa la nuit, en prières, en gémissements et en préparatifs de combat.

Le lendemain, le jour n'avait pas encore paru, que le vénérable pasteur célébrait la sainte Messe, et distribuait le pain des forts à tous ses enfants. Déjà les barbares accouraient vers les murailles demi-ruinées avec d'horribles clameurs, lorsqu'un nuage de poussière s'éleva au loin dans la plaine, et au milieu de ce nuage on voyait briller les armes d'une grande multitude de soldats. C'était l'armée du roi Othon qui accourait au secours de la ville. Alors tout le peuple fut dans une grande joie ; il courut se jeter aux pieds du saint évêque, et reconnut qu'on devait ce secours inespéré aux mérites de ses prières. Mais lui l'exhorta à tout rapporter à la miséricorde divine, qui prend quelquefois en pitié la douleur de son peuple, et veut bien ne pas se rappeler ses péchés. En même temps il rassembla une partie de ses hommes d'armes et alla joindre le roi de Germanie, pensant qu'il ne pourrait avoir trop de troupes contre le redoutable ennemi qu'il allait attaquer. Il y eut un carnage horrible. Ceux des barbares qui échappèrent aux coups des soldats furent tués par les paysans, ou se noyèrent dans les eaux du Lech et du Danube. Ainsi l'Allemagne fut délivrée pour toujours des invasions des Hongrois. Le saint pontife, étant entré dans sa ville épiscopale à la suite du roi Othon, prit un grand soin de la sépulture des morts, et leur fit des funérailles magnifiques. Il pleura surtout le comte Raimbaud, son neveu, frère d'Albéron, et le comte Thibaud, propre frère de l'archevêque, qui avaient péri dans le combat. Puis, se voyant en liberté, et n'ayant plus rien à craindre du dehors, il fit rebâtir son église cathédrale avec une grande magnificence, et la dédia de nouveau sous le nom de sainte Afre, martyre célèbre de la persécution de Dioclétien. Elle avait consommé son sacrifice dans la ville d'Augsbourg, qu'elle avait auparavant scandalisée par le libertinage de ses premières années. Il ouvrit en même temps son palais épiscopal à tous les pauvres qu'avait faits l'invasion des barbares; il les nourrit à sa table et leur procura plus tard les moyens de gagner honorablement leur vie. En 940, le saint évêque alla en dévotion à Saint-Maurice, lieu célèbre par la mort du glorieux martyr qui porte ce nom et par celle de ses illustres compagnons. Il avait entrepris ce pèlerinage non seulement pour satisfaire sa piété, mais aussi pour en rapporter les reliques que lui avait promises le duc de Bourgogne. A son retour, il passa par Constance, où il visita son ami Conrad, évêque de cette ville, et de là se rendit au couvent de Reichenau, où il reçut encore de l'abbé Alaric quelques autres reliques du même saint Maurice et des autres martyrs qui moururent avec lui.

Près d'arriver à Augsbourg, le clergé et le peuple vinrent à sa rencontre, à une grande distance de la ville, et retournèrent en chantant avec lui des cantiques et des psaumes, jusque dans la cathédrale, où les saintes reliques, placées dans des châsses richement ornées, demeurèrent exposées à la vénération des fidèles.

Nous venons de dire que notre saint avait pour ami Conrad, évêque de Constance. Benrad, abbé de Reichenau, raconte qu'un jour que cet ami était venu le voir, ils soupèrent ensemble au monastère de Sainte-Afre ; après le souper, les deux hommes de Dieu se mirent à parler de choses spirituelles. Ils trouvèrent tant d'attraits dans leur entretien, que la nuit se passa, sans qu'ils s'en aperçussent, comme il arrivait autrefois à saint Antoine, quand, le soir, il se mettait en prière. Et le lendemain au lever du jour, ils continuaient encore leur ineffable colloque, lorsque tout à coup arrive à saint Ulric un messager du duc de Bavière. Il s'agissait d'affaires es. Le saint se hâta donc de do er éponse; e peur même de causer du etard à l'envoyé u prince, il ne lui laisse pas le temps de se rafraîchir, mais prenant un morceau de viande qui, la veille, avait servi à leur souper, il le lui donne pour sa route et l'expédie aussitôt. Le saint n'avait pas réfléchi qu'on était alors au vendredi. Or, le messager était un de ces hommes peu craignant Dieu, ou plutôt un de ces mauvais chrétiens qui n'aiment rien tant que de trouver en défaut les personnes de piété et surtout les gens d'église pour en prendre occasion de mieux se justifier à eux-mêmes leurs propres infidélités.

Arrivé près du prince, il n'eut rien de plus empressé que d'accuser les deux saints évêques de mépriser et de violer les lois et les préceptes de l'Eglise. Et en preuve de ce qu'il avançait, il se mit en devoir de présenter le morceau de viande que lui avait donné saint Ulric, et auquel à dessein il n'avait pas voulu toucher, mais par la permission de Dieu cette viande était changée en poisson ; c'est ainsi que ce méchant homme, au moment même où il croyait avoir si bien réussi à ternir l'honneur et la réputation des deux pontifes du Seigneur, se vit lui-même couvert de honte et de confusion. En 964, notre saint fit un nouveau pèlerinage à Rome, où le pape lui remit une précieuse relique, la tête de sainte Abonde. C'est à cette époque qu'il fonda le couvent de Saint-Etienne qu'il soumit à la règle de saint Benoît, et auquel il donna pour abbesse la bienheureuse Elessinde. Il se trouva dans ce couvent une religieuse qui, malgré les instances qu'on put lui faire, malgré même les ordres exprès qu'elle reçut du saint évêque, se refusa à remplir les fonctions de cellerière. Le saint lui prédit que Dieu ne laisserait pas sans châtiment une pareille désobéissance.

Quelque temps après la religieuse opiniâtre fut, en effet, attaquée d'une maladie qui lui paralysa tous les membres. Les souffrances, toujours beaucoup plus éloquentes que les discours, firent alors ce que n'avaient pu les avis ni les remontrances du saint pasteur ; la malheureuse reconnut sa faute. Un jour que le saint tenait ses prêtres assemblés en synode, en son église cathédrale, elle s'y fit transporter, confessa son péché en présence de tout le clergé réuni et en demanda humblement pardon ; saint Ulric, après lui avoir reproché hautement son opiniâtreté, la lui pardonna, et lui obtint, par ses prières, une guérison pleine et entière.

Cependant notre saint sentait ses forces se diminuer de jour en jour. En 971, malgré son grand âge, il entreprit un troisième pèlerinage à la ville de Rome. Il voulait une troisième fois aller se prosterner sur les tombeaux de saint Pierre et de saint Paul et leur recommander la fin de sa vie.

Dieu ne tarda pas en effet de l'appeler à lui. Quand il ne put plus dire la messe, il se fit porter à l'église pour l'entendre. Le dix-huitième jour de juin 973, s'y étant fait porter, comme de coutume, il y célébra la messe de saint Marc et de saint Marcellin, après laquelle il distribua sa chapelle et sa garde-robe à ses clercs et aux officiers de sa maison.

Revenu à son palais, il se sentit faible et se mit au lit jusqu'au jour de la Nativité de saint Jean, où il sentit ses forces revenir. Il se fit habiller, et célébra deux messes sans être soutenu par personne, ce qui donna aux fidèles d'Augsbourg l'espoir qu'il se rétablirait. Néanmoins il déclara que c'était pour la dernière fois qu'il paraissait au milieu d'eux. Le vendredi (4 juillet), il ordonna qu'on le revêtît du cilice, et qu'on le couchât sur la cendre. Il récita d'une voix éteinte les prières des agonisants, et mourut à l'âge de 80 ans, après cinquante ans d'épiscopat. On l'enterra dans l'église de Sainte-Afre.

De nombreux miracles ne tardèrent pas à s'opérer à son tombeau ; nous n'en rapporterons ici que quelques-uns.

Un homme, nommé Hartvem, depuis longtemps malade, et perclus, pour ainsi dire, de tous ses membres, se fit conduire au tombeau du saint. Lorsqu'il y est arrivé, il se prosterne avec effort, et lui adresse avec foi les prières les plus humbles et les plus ferventes. Tout à coup un mouvement s'opère dans tout son corps, le malade tombe à terre, mais loin de se faire aucun mal, voilà que sans douleurs, sans souffrances, tous ses membres ont repris leurs places et leurs mouvements naturels. Plein de joie, il jette ses béquilles, se lève, et prenant une croix, il se rend à la cathédrale suivi d'une foule de gens qui, témoins de cette guérison miraculeuse, vont avec lui en remercier le Ciel.

Le fils de Boleslas, duc de Bohême, était dangereusement malade ; la maladie devenant de plus en plus grave, le conduisit en quelques jours aux portes de la mort ; son malheureux père se voyait au moment de le perdre, et malgré sa douleur profonde, déjà il se disposait à en faire le sacrifice, lorsque soudain lui vint la pensée de le vouer à saint Ulric. Dès cet instant même l'enfant se trouva mieux, et bientôt fut hors de danger. Le prince reconnaissant envoya cinq livres d'argent au tombeau du saint évêque, plusieurs autres objets précieux et autant de cire qu'un cheval pouvait en porter.

Une pauvre femme du diocèse de Freising avait éprouvé une telle contraction de nerfs que la mâchoire inférieure demeurait appliquée sur sa poitrine. Ayant perdu l'usage de la parole, elle ne pouvait plus faire entendre que des sons inarticulés. Par suite de la même maladie, ses mains étaient tellement contournées et contrefaites qu'on aurait pu douter qu'elles eussent jamais eu la forme de membres humains. Elle eut recours au tombeau de saint Ulric. Cependant, elle n'obtint pas sa guérison à l'instant. Déjà même elle s'était remise en route, et s'en retournait en son pays, adorant la volonté de Dieu qui, pour de secrets desseins, peut-être par des vues de miséricorde, n'avait pas voulu lui accorder sa délivrance; lorsque passant sur le pont du *Lech*, un homme que son état touchait de compassion lui demanda d'où elle venait; la malheureuse se retourne pour lui montrer Sainte-Afre, lieu où reposait le corps du saint évêque. En se retournant elle sent sa mâchoire se détacher de sa poitrine, et elle parle aussitôt sans difficulté. En même temps elle éprouve dans les mains un mouvement qui lui en rend le parfait usage.

L'auteur de l'histoire de saint Ulric (Placide Braun, contemporain) raconte un grand nombre d'autres guérisons miraculeuses; il parle d'aveugles, de boiteux guéris, de muets qui ont parlé, de sourds qui ont entendu. Nous ne pouvons le suivre dans un détail pour lequel il nous faudrait tout un livre ; bien que, dit-il, il ait été loin de rapporter tous les prodiges qui ont été opérés par l'intercession du glorieux saint Ulric.

Vingt ans s'étaient à peine écoulés depuis sa mort, que l'on instruisit en forme le procès de sa canonisation, que le pape Jean XV prononça en 993. C'est la première canonisation qui ait été célébrée dans l'Eglise selon les formes usitées à Rome.

Le saint patron de la ville d'Augsbourg est le vrai type de ces évêques du moyen-âge que la philosophie moderne nous représente comme des barbares ambitieux, libertins et persécuteurs. Si elle eût étudié leur vie plus sérieusement et avec des intentions moins hostiles, elle eût appris à les juger d'une tout autre manière. Ils furent les défenseurs de leurs peuples à une époque où personne n'osait élever la voix contre le crime puissant. Au dixième siècle, ils maintinrent au milieu des orages de la guerre et des révolutions les dernières notions de la justice, comme ils sauvèrent plus tard les lettres de la barbarie et les révélèrent au monde moderne, illustrées de toutes les lumières nouvelles dont les dota le génie du cloître.

LITANIES

DE

SAINT ULRIC.

Seigneur, ayez pitié de nous.
Christ, ayez pitié de nous.
Seigneur, ayez pitié de nous.
Christ, écoutez-nous.
Christ, exaucez-nous.
Père céleste, qui êtes Dieu, ayez pitié de nous.
Fils, Rédempteur du monde, ayez.
Esprit-Saint, qui êtes Dieu, ayez.
Sainte-Trinité, qui êtes un seul Dieu, ayez.
Saint Ulric, priez pour nous.
Fidèle serviteur de Dieu,
Magnifique ornement de la sainte Eglise,
Modèle parfait des vertus chrétiennes,
Intercesseur puissant auprès de Dieu,
Vous qui, dès vos premières années, vous êtes séparé d'un monde méchant,
Vous qui, dans le silence de la solitude, avez servi Dieu avec le zèle le plus ardent,
Vous qui avez édifié le monde par votre piété,

Priez pour nous.

2

Vous qui, dans toutes vos actions, avez montré une modestie toute particulière,

Vous qui, dès la jeunesse, avez méprisé le monde et ses charmes,

Vous qui avez conservé intact le trésor de l'innocence et de la pureté,

Vous qui avez trouvé vos délices dans le culte de Dieu et de la vertu,

Vous qui vous êtes préparé au sacerdoce avec le plus grand zèle,

Vous qui avez pris la prêtrise avec les vues les plus pures,

Vous qui avez été élevé à l'épiscopat, à cause de vos hautes vertus,

Vous qui avez honoré votre épiscopat par tant de belles actions,

Vous qui vous êtes montré vraiment le bon pasteur de votre troupeau,

Vous qui vous êtes fait le père tendre de vos enfants,

Vous qui n'avez eu de pensée que pour la gloire de Dieu et le salut des âmes,

Vous qui avez rebâti les temples détruits,

Vous qui avez rendu des pasteurs aux Eglises orphelines,

Vous qui avez rétabli partout le service public de la Religion,

Vous qui vous êtes montré beaucoup plus sévère pour vous-même que pour les autres,

Vous qui n'avez redouté aucune fatigue,

Vous qui n'avez craint aucun danger,

Vous qui avez entrepris les voyages les plus pénibles,

Vous qui, par vos bonnes dispositions et vos excellentes mesures, avez solidement constitué le bien,

Vous qui n'avez cessé de prier pour le salut des vôtres,

Vous qui n'avez cessé de les protéger contre tous les dangers du corps et de l'âme,

Vous qui vous êtes fait tout à tous,

Vous qui avez inspiré aux princes chrétiens des pensées de paix,

Vous qui avez sauvé toute l'Allemagne, au temps de la guerre des Hongrois,

Vous qui, au moment des plus grands périls, n'avez pas perdu votre espoir en Dieu,

Vous qui, dans le danger, avez adressé à Dieu d'ardentes prières,

Vous qui avez engagé tous les vôtres à prier persévéramment,

Vous qui avez attribué à Dieu seul la victoire sur les ennemis,

Vous qui avez cherché d'ailleurs à soulager toutes les misères humaines,

Vous qui avez soigné avec amour les malades et les pestiférés,

Vous qui avez nourri et habillé les pauvres,

Vous qui avez eu des consolations et des soins pour toutes les misères,

Vous qui avez soigné les pauvres, même dans les derniers jours de votre vie,

Vous qui, même avant votre mort, leur avez

partagé toute votre fortune,
Vous qui avez attendu la mort avec calme,
Vous qui êtes mort de la plus sainte mort,
Dieu nous a fait éclater votre sainteté par
   des miracles,
L'Eglise a approuvé solennellement votre
   culte,
Le monde entier vous a honoré d'une ma-
   nière particulière,
Ceux qui vous ont invoqué ont toujours
   éprouvé la puissance de votre interces-
   sion, priez pour nous.
Faites que nous vous honorions dignement,
Que nous imitions particulièrement vos belles
   vertus,
Que nous fuyions le monde pervers,
Que nous évitions soigneusement le danger
   de perdre la vertu,
Que, comme vous, nous soyons animés du
   zèle de la gloire de Dieu,
Que, comme vous, nous travaillions sans re-
   lâche à notre salut et à celui de nos frères,
Que nous empêchions le mal, autant qu'il
   est en nous,
Qu'en tous lieux, et suivant nos forces, nous
   fassions le bien,
Que, comme vous, nous estimions haut et
   suivions fidèlement la parole de Dieu,
Que, comme vous, nous nous estimions heureux d'être membres de l'Eglise catholique,
Que, comme vous, nous soyons, par nos
   sentiments et nos actions, la gloire de

notre sainte Eglise catholique,
Que nous évitions le mal, quelque puissants soient ses attraits,
Que nous fassions le bien, quelque difficile qu'il soit,
Que nous supportions l'injustice avec patience et que nous pardonnions de tout cœur à nos ennemis,
Que nous recherchions avant tout le règne de Dieu et sa justice,
Que nous vivions dans la sobriété, la justice et la sainteté,
Que nous aimions Dieu par dessus toute chose et le prochain comme nous-mêmes,
Que, comme vous, nous soyons pour les autres des modèles d'édification,
Que nous aussi ne restions pas indifférents pour les misères et les malheurs d'autrui,
Que nous cherchions à les détourner et à les soulager,
Que, comme vous, nous remplissions fidèlement tous nos devoirs,
Que nous obtenions une sainte mort,
Que nous partagions votre bonheur dans le ciel.

Agneau de Dieu, qui effacez les péchés du monde ; pardonnez-nous, Seigneur.
Agneau de Dieu, qui effacez les péchés du monde ; exaucez-nous, Seigneur.
Agneau de Dieu, qui effacez les péchés du monde ; ayez pitié de nous, Seigneur.

Seigneur, ayez pitié de nous.
Christ, ayez pitié de nous.
Seigneur, ayez pitié de nous.

Notre Père, qui êtes dans les cieux, que votre nom soit sanctifié ; que votre règne arrive ; que votre volonté soit faite sur la terre comme au ciel ; donnez-nous aujourd'hui notre pain quotidien, et pardonnez-nous nos offenses, comme nous pardonnons à ceux qui nous ont offensés ; et ne nous laissez pas succomber à la tentation ; mais délivrez-nous du mal. Ainsi soit-il.

PRIÈRE.

O mon Dieu, c'est avec une profonde émotion que nous pensons encore aujourd'hui à votre fidèle serviteur, le saint évêque Ulric. Pendant cinquante ans il a glorifié, dans l'épiscopat, votre saint nom et consacré tous ses efforts à la sanctification de son troupeau. O puissions-nous aussi profiter des enseignements qu'il a donnés aux siens en paroles et en actions ! Puisse notre sainte Religion catholique refleurir avec autant d'éclat et redonner d'aussi riches fruits ! Vous pouvez le faire, Seigneur, car vous êtes la source de toute sainteté et le distributeur de toutes les grâces. Nous vous prions donc humblement : Remplissez tous les évêques du monde du même amour de Dieu, du même zèle, qui ont animé saint Ulric, et accordez-leur la grâce qu'après avoir dirigé leurs troupeaux dans les saintes voies de Dieu, ils les guident encore dans les tabernacles éternels.

Eveillez dans tous les pasteurs des âmes un excellent esprit, afin qu'ils soient remplis d'ardeur pour la gloire de Dieu et le salut des âmes.

Enfin accordez-nous, à tous, un cœur docile et bon, afin que nous écoutions volontiers la voix de nos chefs spirituels et menions une vie vraiment chrétienne, qui nous mé- e d'entrer un jour avec saint Ulric dans la gloire céleste.

Nous vous le demandons, ô Dieu et Père, par Notre-Seigneur Jésus-Christ, votre Fils, qui règne avec vous et le Saint-Esprit dans tous les siècles des siècles. Ainsi soit-il.

NANCY, IMP. DE VAGNER.